Bibliografische Information der Deutschen Nationalbibliothek:

Die Deutsche Bibliothek verzeichnet diese Publikation in der Deutschen Nationalbibliografie; detaillierte bibliografische Daten sind im Internet über http://dnb.d-nb.de/ abrufbar.

Impressum:

Druck und Bindung: Books on Demand GmbH, Norderstedt Germany
ISBN: 9783668354418

Dieses Buch bei GRIN:

Max Hillebrand

Grundzüge des Behaviorismus von Watson und Skinner. Das Little-Albert Experiment

GRIN Verlag

Universität Leipzig

Fakultät für Sozialwissenschaften und Philosophie

Institut für Soziologie

Hausarbeit

Grundzüge der Soziologie II

SoSe 2016

Grundzüge des Behaviorismus von J. B. Watson und B. F. Skinner am Beispiel des „Little-Albert Experiments"

Eingereicht von

Name: Max Hillebrand

Eingereicht am: Leipzig, den 28.07.16

Inhaltsverzeichnis:

1. Einleitung und Grundfragen

Wie ist das Verhalten der Menschen zu erklären? Eine Grundfrage vieler Wissenschaften.
Im Verlauf der Geschichte wurden viele Theorien aufgestellt, um diese Frage zu beantworten.
Ein Ansatz, der jahrzehntelang die Verhaltensforschung - vor allem in den USA - beherrschen sollte, war der Behaviorismus. Anhand des erstmaligen Nachweises der Konditionierung durch Pawlow wurden weitere Untersuchungen vorangetrieben. J. B. Watson entwickelte mithilfe der Konditionierung, als einer der Ersten, eine neue Verhaltenspsychologie.
Die Theorie fand Zuspruch und wurde unter anderem von B. F. Skinner weiterentwickelt.
Doch was sind die Grundideen des Behaviorismus? Wie konnte der Behaviorismus als Verhaltenstheorie des Menschen empirisch beweist werden? Was sind Kritikpunkte gegen den Behaviorismus?

Als eine der wichtigsten Verhaltenstheorie - nicht nur in der Psychologie – sollen diese Fragen anhand von John B. Watson und Burrhus F. Skinner näher betrachtet werden.
Ihre Grundideen werden zunächst dargelegt: Watson wird nach seinem Artikel „Psychology as the Behaviorist views it“ (1913) bearbeitet. Es folgen Skinner und die Grundzüge seiner operanten Konditionierung. Anschließend wird die empirische Studie des „Little-Albert” diskutiert, um den Behaviorismus auch am Beispiel des Menschen zu betrachten.
Schlussendlich folgen drei Kritikpunkte gegen die Theorie Watsons und die Verstärkungsprinzipien von Skinner.

2. Behaviorismus

2. 1 Anfänge: John B. Watson

Mit der Veröffentlichung des Artikels „Psychology as the Behaviorist views it“ (1913) in der Psychological Review, legte der Psychologe John B. Watson (1878-1958), neben E.L. Thorndike (1874-1949), den Grundstein für den Behaviorismus. Der Behaviorismus, so Watson, „ist ein rein objektiver experimenteller Zweig der Naturwissenschaften. Ihr theoretisches Ziel ist die Vorhersage und Kontrolle von Verhalten (Watson, 1913: 158).“

Auf der Basis von I.P. Pawlows Experimenten zur Speichelsekretion erweiterte Watson die klassische Konditionierung und stellte die Tierexperimente von Pawlow in Verbindung mit den Lernvorgängen des Menschen (vgl. Myers et al, 2014: 292). Watson (1913) vertrat die

Meinung, dass der Untersuchungsgegenstand der Psychologie das Verhalten sei, nicht etwa geistiges, subjektives oder bewusstes Erleben.
Für die Erforschung der Reaktionen von Lebewesen ist es notwendig keine Trennlinie zwischen Mensch und Tier zu ziehen, beschreibt Watson zu Beginn seines Artikels (vgl. Watson, 1913: 158). Darüber hinaus kritisierte er die Reproduzierbarkeit psychologischer Forschungsergebnisse durch die gegenwärtige Methode der Introspektion (Watson, 1913: 163). Er kritisierte weiter die Uneinigkeit zwischen den Psychologen. Abstrakte Begriffe wie „Sinneseindruck" oder Bewusstsein erzeugen Unklarheiten, werden selbst nicht verstanden oder unterschiedlich interpretiert (vgl. Watson, 1913: 164).

Anhand dieser Kritikpunkte entwarf Watson eine Wissenschaft des Verhaltens, die sich an der Psychologie orientieren und naturwissenschaftlichen Prinzipien folgen soll. Begriffe wie Bewusstsein, mentale Zustände, Geist und Wille haben keinen Platz in der Theorie Watsons: „I believe we can write a psychology,[...] and never go back upon our definitions: never use the terms consciousness, mental states, mind [...](Watson, 1913: 166)." Dagegen könnten Begriffe des Verhaltens wie Reiz, Reaktion, Gewohnheitsbildung und Gewohnheitsintegration betrachtet werden (Watson, 1913: 167).

Ferner definierte er seine Grundannahmen wie folgt: (vgl. Watson, 1913: 167)
Erstens: Menschen sowohl als auch Tiere (Organismen) passen sich durch vererbte und erworbene Mechanismen an ihre Umwelt an.
Zweitens: Diese Anpassung ist entweder adäquat oder so unangemessen, dass der Organismus gerade noch überleben kann.
Drittens: Ein bestimmter stimuli (Reiz) führt zu einer Reaktion des Organismus.
Viertens: In einer voll entwickelten Psychologie ist es möglich bei gegebener Reaktion den stimuli (Reiz), bei gegebenem stimuli (Reiz) die Reaktion vorherzusehen.
Watson verstand diese Annahmen als Rohmaterial, das noch weiter ausgearbeitet werden muss (Watson, 1913: 167).

Außerdem spielen Laborexperimente eine entscheidende Rolle bei Watson. Denn um an Wissen zu gelangen ist es unvermeidlich, dass Laborexperimente an Menschen sowie an Tieren durchgeführt werden. Menschliches Verhalten unterscheidet sich, nach Watson, nur in dem Grad der Komplexität von den Tieren. Der damit verbundene finale Grund seiner Untersuchungen, „is to learn general and particular methods by which I may control behavior (Watson, 1913: 168)." Somit distanziert er sich von der theoretischen, nicht anwendbaren Psychologie und behauptet, dass seine Konzeption beispielsweise von Lehrern, Juristen, Physikern und Unternehmern genutzt werden könnte (Watson, 1913: 168-169).

Zusammenfassend lässt sich sagen, dass die Theorie von Watson auf dem Reiz-Reaktions-Modell beruht. Ein bestimmter Reiz trifft auf den Organismus, wird im Menschen verarbeitet und erzeugt eine Reaktion. Der Behaviorismus, nach Watson (1913), lehnt die Introspektion (Selbstbeobachtung) ab und definiert das Innere - die Verarbeitung des Reizes - als etwas das nicht zu beobachten ist. Die Reiz-Reaktions-Zusammenhänge werden durch die Methode der Laborexperimente auf allgemeine Gesetzmäßigkeiten geprüft (Meleghy, 2015: 34). Ein Laborexperiment von Watson, das „Little-Albert Experiment", soll als Beispiel der empirischen Anwendung, im dritten Abschnitt untersucht werden.

2. 2 Burrhus F. Skinner

In Anbetracht der Theorie von Watson und im Besonderen von E. L. Thorndike, entwickelte der Psychologe Burrhus Frederic Skinner (1904-1990) den Behaviorismus weiter und prägte den Begriff der operanten Konditionierung.
Das von E. L. Thorndike aufgestellte Effektgesetz (law of effect) wird zum Fundament der Arbeit von Skinner: Wird ein bestimmter stimuli (Reiz) verstärkt, steigt die Häufigkeit dieser Verhaltensweise. Kommt es zu einer Bestrafung der Verhaltensweise, sinkt die Häufigkeit der Ausführung (vgl. Myers, 2014: 300). Im Gegensatz zu Thorndike konzentrierte sich Skinner auf verschiedene Arten der Verstärkung als Konsequenz für ein gezeigtes Verhalten.

Seine „Skinner Box" gilt als entscheidendes Experiment zur operanten Konditionierung (Lernen am Erfolg). Eine Box verfügt über einen Hebel oder eine Taste. Diese werden von einem Tier betätigt, worauf eine Belohnung mit Wasser oder Futter erfolgt; Reaktionen werden durch ein Messgerät erkannt. Skinner veranschaulicht damit das Effektgesetz und kann bei Tieren Verstärker feststellen, die, die Verhaltensweise beeinflussen (Myers, 2014: 300-301). Das Reiz-Reaktions-Modell erfährt somit die Erweiterung der Konsequenz, die rückwirkend auf die Reaktion - positiv oder negativ - das Handeln beeinflussen können. Hierzu unterscheidet man zwischen positiven, negativen, primäre und konditionierten sowohl als auch sofortige und verzögerte Verstärker.
Bei positiver Verstärkung wird typischerweise eine Reaktion dadurch verstärkt, dass nach einer gewissen Reaktion ein lustvoller Reiz geboten wird: Zum Beispiel das streicheln von Hunden, nach einem Platzkommando des Besitzers (Myers, 2014: 302-303). Der Hund wird demnach mit einer höheren Wahrscheinlichkeit dem Kommando folgen, da ihm ein positiver Anreiz (streicheln) geboten wird.
Negative Verstärkung „verstärkt eine Reaktion, indem ein aversiver Reiz verringert oder beseitigt wird (Myers, 2014: 302-303)." Das Ausschalten eines Weckers, damit das klingeln

aufhört oder das langsame Autofahren, um nicht geblitzt zu werden, sind Beispiele für negative Verstärkung.
Primäre Verstärker sind erblich bedingt; wie das verlangen nach Nahrung oder Wasser. Konditionierte hingegen erlernt, zum Beispiel beim Menschen Geld, Erfolg. Sofortige und verzögerte Verstärker unterscheiden sich in Ihrem zeitlichen Abstand und dem daraus folgendem unterschiedlichen Nutzen. Ein großer Gehaltscheck am Ende des Monats scheint attraktiver als kleine Beträge pro Tag oder Woche, denn ein höheres Gehalt könnte zu erreichen sein, wenn man länger warten würde. Fernsehen in der Nacht kann ein sofortiger Verstärker sein, weil es mich entspannt oder Freude bereitet einen Film zusehen. Langfristig wäre es effektiver in das Bett zu gehen, um aus zuschlafen. Zugunsten der Produktivität sollten daher sofortige aufgeschoben und verzögerte Verstärker angestrebt werden (vgl. Myers, 2014: 303-304).

Des Weiteren beeinflussen kontinuierliche und partielle Verstärkungspläne das Verhalten: Ein Verhalten kontinuierlich zu verstärken bedeutet, das jedes Mal, wenn ein gewünschtes Verhalten gezeigt wurde, dieses auch belohnt wird. Der Hundebesitzer gibt seinem Hund immer etwas zu essen, wenn er den Stock wiederbringt. Diese Verhaltensweise wird zwar schnell erlernt - Futter, wenn ich den Stock hole - aber der Mangel an Stabilität, wenn die Verstärkung aus bleibt, führt zum verlernen des Verhaltens (vgl. Myers, 2014: 304). Partielle Verstärkungen hingegen werden nur ab und zu oder teilweise verstärkt. Daraus folgt eine höhere Stabilität und Resistenz gegen das verlernen eines Verhaltens. Das Erlernen hingegen, vollzieht sich langsamer (vgl. Myers, 2014: 304). Hat eine Taube das Picken einer Taste erlernt und mit dem Erhalt von Futter in Verbindung gebracht, wird sie auch bei der Verlängerung der Anzahl an Tastendrucke - um an Futter zu gelangen - weiter drücken. Da es immer eine Wahrscheinlichkeit gibt, eine Belohnung zu erhalten, kommt es zu einer Art Suchtverhalten - analog zu Spielautomaten beim Menschen (Myers, 2014: 304).

Schlussendlich verstand es Skinner, den Behaviorismus als Verhaltenstheorie weiter zuentwickeln, indem er die Konsequenz einer Handlung näher betrachtete und äußere Einflüsse als Antrieb für das menschliche Verhalten ansah. Verstärker sind für ihn wichtige Elemente um ein Verhalten zu beeinflussen.

3. mpirische Studie zum Behaviorismus als Verhaltenstheorie des Menschen

3. 1 Little-Albert Experiment" - J. B. Watson und R. Rayner

Die Studie „Conditioned emotional reactions" - erschienen im Jahr 1920, wurde in dem Journal of Experimental Psychology erstveröffentlicht. Zusammen mit Rosalie Rayner, entwarf Watson das Experiment des - zu deutsch - „kleinen Albert", um den Nachweis zu führen, dass emotionale Reize konditionierbar seien (vgl. Watson & Rayner, 2000: 313). Im Folgenden soll der Verlauf des Experiments dargestellt und Kritikpunkte gegen den Nachweis diskutiert werden.

Die Versuchsperson Albert B. ist im Krankenhaus aufgewachsen; neun Monate alt und Sohn einer Amme. Er wird als gleichmütig, gesund und unemotional beschrieben. In einer Vorstudie wurde Albert auf Angstreaktionen getestet. Verschiedene Tiere und Objekte wurden ihm vorgestellt, wie zum Beispiel eine weiße Ratte, ein Hase, ein Hund, ein Affe sowie Objekte wie Baumwolle, menschliche Masken oder brennendes Zeitungspapier. Die Versuchsperson zeigte darauf keine Furchtreaktionen (Watson & Rayner, 2000: 313). Im Gegensatz dazu wurde beim schlagen eines Hammers auf Stahl, eine starke Furchtreaktion ausgelöst: Einer der Versuchsleiter sorgte dafür, dass Albert seinen Kopf dreht und die Hand des anderen Leiters (vermutlich Rayner) fixiert. Der zweite Versuchsleiter (Watson) hinter dem Kind, schlug mit einem Hammer auf ein ca. 1,21 m langes und 1,9 cm dickes Stück Stahl, um ein lautes Geräusch zu erzeugen. Nach mehrmaligen schlagen auf das Stahlstück fängt die Versuchsperson an zu weinen und zeigt typische Furchtreaktionen. Zwei Monate später begann das eigentliche Experiment und wurde wie folgt durchgeführt:

I. Aufbau einer konditionierten emotionalen Reaktion (Watson & Rayner, 2000: 314).

Alter: 11 Monate und 3 Tage. Eine Ratte wird aus dem Korb genommen und als die Versuchsperson danach greifen will, ertönt das laute Geräusch. Albert fällt vornüber, schreckt auf, wimmert aber weint nicht. Ein erneutes Greifen nach der Ratte lässt wieder das Geräusch ertönen. Albert zeigt ähnlich Reaktionen wie bei der ersten Berührung.

Alter: 11 Monate und 10 Tage. Die Ratte wird ihm plötzlich und ohne Geräusch gezeigt. Albert hat keine Intention Sie zu berühren. Als die Ratte seine Hand mit der Nase berühren will, zieht er seine Hand zurück. Weitere Versuche Sie zu berühren werden unternommen aber Albert zieht immer die Hand zurück. Anschließend wurden ihm Bauklötze zum Spielen gebracht, die er freudig aufhebt (benutzt um ihn zu beruhigen und emotionalen Status zu testen). Darauf folgen drei kombinierte Reizungen mit Geräusch und Ratte. Wie zu Beginn des Experiments ähnliche Reaktionen. Die Ratte wird allein platziert. Albert verzieht das Gesicht und wimmert, fällt links über. Wiederholung von Ratte und Geräusch führt zu wimmern; Albert fällt nach rechts. Eine weitere Wiederholung wird durchgeführt und Albert fängt an zu weinen, fällt aber nicht um. Die Ratte wird nun wieder allein platziert. Das Baby beginnt sofort zu weinen und versucht wegzukriechen. Rayner und Watson (2000: 314) dazu: „This was as convincing a case of a completely conditioned fear response as could have been theoretically pictured."

II. Transfer emotional konditioniertem Objekt auf andere (Watson & Rayner, 2000: 314-315).

Alter: 11 Monate und 15 Tage. Test mit Bauklötzen, um einen Reaktionstransfer auf das Labor, Klötze auszuschließen (nach jedem Reaktionstest werden die Bauklötze wieder gebracht). Die Ratte wird ihm allein präsentiert; Albert reagiert mit wimmern und weg kriechen. Erneut wird die Ratte aus Ihrem Käfig genommen; das Baby lehnt sich weit weg, versucht davon zu kriechen. Das beweist, so Watson und Rayner (2000: 314), dass die konditionierte Reaktion über fünf Tage aufrechterhalten werden konnte. Abschließend wurden Reaktionstests mit einem Hasen, einem Hund, einem Pelzmantel, Watte und Haaren der Experimentatoren durchgeführt (zwischen den Reaktionstests wurden immer Bauklötze gebracht). Der Hase löst in Albert eine Furchtreaktion aus. Er vergräbt sein Gesicht, fängt an zu weinen und versucht wegzulaufen. Der Hund erzeugte eine abgeschwächte Reaktion. Erst als der Hund in unmittelbare Nähe seines Kopfes gebracht wurde, begann er zu weinen. Wie zuvor generiert erst das nahe hinlegen - des Pelzmantels an Albert - eine negative Reaktion. Die Wolle wurde in Papier präsentiert. Als die Wolle auf sein Fuß gelegt wurde, stieß er es zunächst weg und berührte es nicht mit seinen Händen. Einige Zeit später verlor Albert einen Teil der Angst. Nachfolgend wurden die Haare Watsons und seiner Assistentinnen, Albert präsentiert. Auf die Haare Watsons reagiert er stark negativ; auf die der zwei Assistentinnen positiv. Der letzte Reaktionstest wird von Watson durchgeführt. Er trägt eine bärtige Maske, worauf Albert stark negativ reagiert.

Alter 11 Monate 20 Tage. Bauklötze zeigen übliche Reaktion. Die Ratte wird allein platziert, eine relativ schwache Reaktion ist die Folge. Durch eine erneute Koppelung mit Ratte und Geräusch wird eine noch stärkere Reaktion als zuvor erzeugt. Ein weiterer Test mit einem Hasen zeigt eine ähnlich Situation wie zuvor, jedoch um einiges geringer. Darüber hinaus wurden Hase und Hund auch mit dem typischen Geräusch gekoppelt. Albert zeigte starke Furchtreaktionen.

Danach wurde das Labor zu einem größeren - mit Tageslicht beleuchteten Raum - gewechselt. Kombinierte Reizung mit Ratte, Hund und Hase wurden erneut getestet. Albert zeigte ähnliches Verhalten wie zuvor und eine starke Furchtreaktion, als der Hund vor seinem Gesicht anfing zu bellen.

Watson und Rayner (2000: 315) schlussfolgern eine emotionale Generalisierung („emotional transfers"). Die Anzahl der Generalisierungen kann dabei sehr hoch sein. Eine genaue Anzahl konnte in dieser Untersuchung nicht bestimmt werden.

III. Dauerhaftigkeit der konditionierten emotionalen Reaktion (Watson & Rayner, 2000: 315-316).

Alter: 12 Monate und 20 Tage. Albert wird nach einem Monat mit Ratte und allen generalisierten Reizen getestet. Er zeigt bei allen Furcht. Dennoch zeigen sich Annäherungsversuche: „He allowed the rat to crawl towards him without withdrawing (Watson & Rayner, 2000: 316)." Nach Watson und Rayner (2000: 316) zeigt sich somit, dass emotional konditionierte Reaktionen länger als einen Monat anhalten können, auch wenn mit Verlust der Intensität der Reaktion.

Heute gilt das „Little-Albert Experiment" als äußerst umstritten. Nach heutigen Standards wäre eine derartige Durchführung aus ethisch, moralischer Sicht nicht einmal denkbar. Günter Sämmer untersucht in seiner Dissertation - Paradigmen der Psychologie (1999) - vier Einwände gegen das Experiment von Watson und Rayner (2000):
Fehlende Operationalisierung der Variablen: Sämmer (1999: 195) kritisiert die Operationalisierung der konditionierten Reaktion der Furcht. Vage Indizien wie „verzieht das Gesicht" oder „wimmern" sind von subjektiven Interpretationen abhängig, eine Quantifizierung ist somit nicht möglich.
Fehlerhafte Kontrolle der Variablen: Der Versuchsaufbau und Bilderaufzeichnungen legen nahe, dass Watson, die Person war, die das laute Geräusch erzeugte: „Im Experiment zeigt sich nun, daß Albert mit den Haaren Watsons nicht spielen möchte, wohl aber mit denen zweier anderer Personen (vermutlich ist eine davon Rayner, die andere Alberts Mutter). Dies legt die Vermutung nahe, daß die „Person Watson" zum „bedingten Reiz" wurde („der, der es knallen läßt") (Sämmer , 1999: 195)."
Die Generalisierung der Reaktion auf neutrale Objekte, wie die Watte oder den Mantel, lassen sich kaum von der Person trennen, die sie präsentiert (Watson).
Selektive Interpretation: Die Beobachtungen, so Sämmer (1999: 195), wurden selektiv ausgewählt und entsprechend der Versuchshypothese interpretiert. Die Möglichkeit das etwa Watson - Erzeuger des Geräusches - als konditionierter Reiz auftreten könne, wurde nicht erwähnt. Eine Erläuterung dieser Problematik würde die Undurchsichtigkeit der Reizkontrolle

offenlegen. Darüber hinaus die Frage aufwerfen, wie Albert dies hätte lernen sollen, wenn Watson gar nicht zu „sehen" war (eine Untersuchung der Objektpermanenz bei Kleinkindern könnte dieses Problem erklären).
Außerdem fallen die Reaktionen von Albert - für eine Interpretation als „experimentelle Phobie" (Absicht Watsons) - in der letzten Phase des Experiments sehr schwach aus, wo durch, diese Beschreibungen in späteren Werken Watsons keine nähere Betrachtung finden (Sämmer, 1999: 195).
Fehlende Replikation: Ähnliche Versuche wurden von Zeitgenossen Watsons durchgeführt. Dennoch konnten weder intensive Beobachtungen natürlicher Situationen noch andere Untersuchungen die Angstkonditionierung von Watson und Rayner nachweisen (Sämmer, 1999: 196). Die Aussagekraft des Experiments scheint somit um einiges geringer, als Watson und Rayner (2000) behaupten.

4. Kritik und Schluss

Viele Kritiker bekämpften den Behaviorismus auf verschiedenen Ebenen. In Anbetracht einer Verhaltenstheorie sollen, zwei Kritikpunkte zur Theorie Watsons und ein Kritikpunkt zur Verstärkungstheorie Skinner, kurz dargelegt werden, um einen ersten Blick auf die Gegenposition zu werfen.

Der zunächst erste Fehler des Behaviorismus ist die Beschränkung auf naturwissenschaftliche Methoden - mit dem Anspruch - jegliches Verhalten zu erklären und zu steuern: K.-P. Noack bestreitet in dem ersten Kapitel des Buches „Zur Kritik des Behaviorismus" (1978), Watsons einseitige, technizistische Konzeption. Nach Noack (1978: 71 ff.) kommt es zu einer einseitigen Betrachtung der beobachtbaren Merkmale des Verhaltens. Demzufolge kann man aus behavioristischer Sicht nur von empirischen Generalisierungen sprechen. Eine selektive Ausgrenzung der inneren Vorgänge und eine Vereinfachung des menschlichen Systems als „Reiz-Reaktions-Maschine" ist die Folge.

Ein weiteres Problem des Behaviorismus von Watson ist die Übertragung der Tierpsychologie auf die Humanpsychologie. Ockhams Rasiermesser, die Proklamation der Sparsamkeit bei Hypothesen und Theorien (Noack, 1978: 78), wurde zunächst zum Leitsatz der Tierpsychologie. Bewusstseinsphänomene wurden mit gutem Gewissen eliminiert und später auf das Verhalten der Menschen übertragen. Der Mensch wird animalisiert und in seinem Vermögen „beschnitten". Nimmt man an, dass das Bewusstsein ein entscheidendes Problem der Psychologie darstellt, um die Besonderheiten der menschlichen Natur zu erforschen, so kann der Behaviorist es nicht lösen, weil er es höchstens als Scheinproblem betrachtet, so Noack (1978: 84 ff.).

Unter anderem diskutiert W. Friedrich im dritten Kapitel „Zur Kritik des Behaviorismus" (1978), Skinners Verstärkungsprinzipien. Einen Verstärker aus der Verhaltenswirkung heraus zu definieren scheint unbefriedigend: „Die inneren Bedingungen und Prozesse, die im Individuum [...] die Rückmeldung und Ergebnisbewertung ermöglichen, müssen theoretisch aufgearbeitet werden. Das bedeutet, von der [...] Dialektik zwischen Individuum und Umwelt auszugehen (Friedrich, 1978(b): 269)." Skinner gelang es nicht diese Dialektik zu meistern, wodurch seine Theorie als mechanistisch und milieutheoretisch zu beurteilen ist (Friedrich, 1978(b): 269). Des Weiteren behauptet Friedrich (1978(b): 269) das wir die Erkenntnisse der Neurowissenschaften heranzuziehen müssen, da diese für die Theorie des Lernens unbedingt nötig sind. Wichtige Elemente, wie menschliche Persönlichkeit, psychische Struktur oder komplexe soziale Situation werden von Skinner nicht berücksichtigt. Letztendlich kommen Skinners Verstärkungsprinzipien nicht „über das Niveau einer abstrakten Organismus-Umweltreiz-Relation hinaus (Friedrich, 1978(a): 269)."

Trotz jeglicher Kritik befruchtete der Behaviorismus die Psychologie in vielerlei Hinsicht. Durch das Aufstellen kühner Hypothesen über das Verhalten, wurden andere Psychologen angeregt, sich mit der Provokation auseinanderzusetzen. Darüber hinaus führten Neobehavioristen zahlreiche, mit hohem Exaktheitsniveau versehene, Laborexperimente durch, die langfristig die Psychologie beeinflussten (vgl. Friedrich, 1978(a): 9).

Geschichtlich gesehen konnte die vorherige traditionelle Bewusstseinspsychologie, in der sich rasch entwickelnden imperialistischen Gesellschaft der USA, nicht bestehen. Für die Probleme und Perspektiven des 20. Jahrhunderts war sie untauglich (vgl. Friedrich, 1978(a): 10). J. B. Watson war sich dessen bewusst und entwickelte seine eigene Psychologie des Verhaltens als Gegenposition. Die Ablehnung der Introspektion sowie Forschung nach naturwissenschaftlichen Prinzipien bilden die Eckpfeiler seiner Theorie. Nach dem Reiz-Reaktions-Modell sollte jegliches Verhalten erklärt und kontrolliert werden. Eine Übertragung auf menschliches Verhalten bleibt nach seiner Studie zum „kleinen Albert" eher fragwürdig, dennoch wird dieses Beispiel häufig zitiert und erläutert als Durchbruch in der Verhaltensforschung am Menschen (vgl. Sämmer, 1999: 196- 197).

Im Vergleich dazu steht B. F. Skinner. Seine behavioristische Theorie ist umfassend und gilt als die populärste Theorie in dem Bereich des Behaviorismus (Friedrich(a), 1978: 10). Zu würdigen ist seine Experimentierkunst bei Tierversuchen oder „der Nachweis der Wichtigkeit des erreichten Erfolgs bzw. Misserfolgs für die Verhaltensdeterminanten bei Tieren (Friedrich(a), 1978: 9).“ Heute finden seine Ansätze Anwendung in der Schule durch Computergestütztes Lernen, Leistungsverbesserung im Sport oder am Arbeitsplatz (vgl. Myers, 2014: 307).

Ferner beschäftigten sich nicht nur Psychologen mit dem Paradigma des Behaviorismus: Der Soziologe George Caspar Homans (1910-1989), Begründer der verhaltenstheoretischen Soziologie, verankerte seine Denkweisen über das zielgerichtete rationale Verhalten in der instrumentellen Konditionierung. Die Konzeption in seinem Buch „Elementarformen sozialen Verhaltens“ (Homans, 1968) hat ihr Fundament in der behavioristischen Denkweise (vgl. Meleghy, 2015: 33).

Nach näherer Betrachtung kann man sagen das der Behaviorismus, durch neue Überlegungen und Verknüpfungen in vielen Wissenschaften, seinen Platz in den Wissenschaftstheorien gefunden hat. Dennoch wird er seinen eigenen Ansprüchen - jegliches Verhalten zu erklären - nie gerecht werden, denn wie so oft stellt auch die behavioristische Lerntheorie „[…] nur ein Modell dar, das einen Teil der beim Lernen stattfindenden Vorgänge zutreffend beschreibt, für andere jedoch nicht relevant ist, sich dort dann sogar als störend oder absolut verhindernd erweisen kann (Mitschian, 2000: 3).“

Literaturverzeichnis:

Friedrich, W., 1978(a): Vorwort. S. 7-12 in: K.-P. Noack, S. Bönisch & L. Bisky, Zur Kritik des Behaviorismus. Berlin: Deutscher Verlag der Wissenschaften.

Friedrich, W., 1978(b): Zur Lerntheorie Skinners und zu ihrer Rezeption in bürgerlichen Sozialwissenschaften. S. 198-274 in: K.-P. Noack, S. Bönisch & L. Bisky, Zur Kritik des Behaviorismus. Berlin: Deutscher Verlag der Wissenschaften.

Homans, G. C., 1968: Elementarformen sozialen Verhaltens. Köln, Oblaten: Westdeutscher Verlag.

Meleghy, T., 2015: Verhaltenstheoretische Soziologie: George Caspar Homans. S. 33-55 in: J. Moral, E. Bauer, H. J. Niedenzu, M. Preglau & H. Staubmann, Soziologische Theorie: Abriss der Ansätze ihrer Hauptvertreter. Berlin, Boston: De Gruyter.

Mitschian, H., 2000: Vom Behaviorismus zum Konstruktivismus: Das Problem der Übertragbarkeit lernpsychologischer und -philosophischer Erkenntnisse in der Fremdsprachendidaktik. Zeitschrift für Interkulturellen Fremdsprachenunterricht (Online), 4, 26ff.

Myers, D. G. (Hrsg.), S. Hoppe-Graff & B. Keller, 2014: Psychologie. Berlin, Heidelberg: Springerverlag.

Noack, K.-P., 1978: Zur Kritik der Methodologie des Behaviorismus. S. 66-188 in: W. Friedrich, S. Bönisch & L. Bisky, Zur Kritik des Behaviorismus. Berlin: Deutscher Verlag der Wissenschaften.

Sämmer, G., 1999: Die Paradigmen der Psychologie. Eine wissenschaftstheoretische Rekonstruktion paradigmatischer Strukturen im Wissenschaftssystem der Psychologie. Köln: Dissertation, Martin-Luther-Universität Halle-Wittenberg.

Watson, J. B., 1913: Psychology as the Behaviorist Views it. Psychological Review 20: 158-177.

Watson, J. & R. Rayner, 2000: Conditioned Emotional Reactions. American Psychologist 55: 313-317.

Ingram Content Group UK Ltd.
Milton Keynes UK
UKHW050732210723
425555UK00009B/431